4117

RECVEIL GENERAL,

De toutes les Chansons Maza-rinistes.

ET AVEC PLVSIEVRS QVI N'ONT point estées chantées.

A PARIS,

———

M. DC. XLIX.

Arrest de la Cour de Parlement, donné contre Iules Mazarin :

Sur le chant, Le Roy d'Hongrie & l'Empereur, &c.

Enfin tous les Parisiens,
Seront hors de souffrance,
Puisque tous les Italiens,
Sortiront hors de France,
Le Bonnet Rouge est tout confus
Ses Benefices sont perdus
Ce Cardinal, ce Cardinal,
Ne nous fera plus tant de mal.

Il a tiré l'or & l'argent,
Par des notables sommes
Pour se rendre riche & puissant
Dans la ville de Rome,
Y faisant bastir des Palais,
S'est enrichy pour tout jamais,
Ce Cardinal, &c.

Il a fait patir en tous lieux,
Le peuple de la France,
Comme vn meschant pernicieux
Les mettant en souffrance
Ne le pouuant plus supporter
Le Diable le puisse emporter,
Le Cardinal, &c.

Il a contre Dieu & la Loy,
D'vne mauuaise sorte
La nuict enleué nostre Roy,
Pour luy seruir d'escorte
Paris à voulu affamer,
Mais il luy faut se retirer,
Ce Cardinal, &c.

Enfin Messieurs du Parlement,
Ont dressé sa Sentence,
Qu'il faloit dans huict jours de temps
Qu'il sortit hors de France,
Où qu'il seroit assassiné,
Ainsi comme il a merité
Le Cardinal, &c.

Les Partisans sont hors d'espoir,
Et ont tous pris la fuitte
Le Cardinal au desespoir,
S'en ira à leur suitte,
Les Monopoleurs sont à cu,
Eussent-ils tous le col rompu,
Le Cardinal, &c.

Si dans Paris on le tenoit,
On luy feroit grand Feste,
Chacun son corps deschireroit
Et les autres sa teste,
Le Marquis d'Ancre n'eust esté,
Iamais si-bien que luy traitté
Ce Cardinal, &c.

Prions Dieu pour le Roy Louys,
Et les Princes de France,
Qu'ils le rameine dans Paris,
En grande réjoüyssance,
Et pour Messieurs du Parlement,
Qui ont dressé le Iugement,
Au Cardinal, au Cardinal,
Qui nous auoit fait tant de mal. FIN.

LA MENACE DV TRES-fidelle peuple de Paris, faites à Mazarin :
sur le chant, Thoinon la belle Iardiniere, &c.

IE croy que ta couleur est pasle,
Et que ton cœur est bien chagrin,
Car à present tout chacun parle,

A

Contre toy Iules Mazarin,
Meschant deloyal & perfide
Faut que de la France tu vide.
 Retourne t'en en Italie,
Mal-heureux d'où tu est venu,
Car de mal ton ame est remplie
Mais ton dessein est reconnu,
Si jamais dans Paris tu rentre
On te fera côme au Marquis d'Ancre.
 Tu pensois bien ruyner la France,
Afin de nous faire perir
Mais on te dresse ta Sentence,
Pour toy mesme faire mourir :
Si iamais dans Paris tu rentre &c.
 Tu estois bien tenté du Diable,
De nous faire tant endurer
Mais faut que le malheur t'accable,
Croit que tu peux bien esperer,
Que si dedans Paris tu entre, &c.
 La populace est si esmeuë,
Contre toy mauuais Cardinal,
Si on te veyoit dans les ruës
On te feroit beaucoup de mal,
Si iamais, &c.
 Tous chacun jure ta ruyne,
Et le peuple Parisien,
Ensemble se fasche & mutine
Contre toy pauure Italien,
Si iamais, &c.
 Il faut que tu retourne à Rome,
Peur que tu ne trouue ta fin,
Mais prend garde qu'on ne t'assomme
Si on te rencontre en chemin,
Si iamais, &c.
 Il faut que tu change ta vie,
Songe donc à estre meilleur
Crainte qu'elle ne soit suiuie
De quelque sinistre mal-heur,
Car tu nous a trop fait la nique,
Par ton conseil tres tiranique. FIN.

LES QV'EN DIRA-T'ON des Monopoleurs, &c.

VOus Partisans engance trop mau-
 dite,
Chacun vous hait comme peste, &
 poison,
Vous estes en fuitte
Mais nous dirons
Que si on vous pend côme des Larons
Qu'en dira-t'on ?
 Que fussiez tous au profond des
 abismes
Pour seruir de Compagnie à Pluton,
Et pour vos crimes
Nous esperons,
Dedans ces lieux seruirez de tisons
Qu'en dira-t'on ?
 Car Lucifer & sa trouppe damnée,
Vous fera fort-belle reception,
Bien ordonnée
De Marmitons,
Pour vous traitter à grands coups de
 bastons,
Qu'en dira-t'on ?
 Allez, allez dedans ces fosses noires
Vous meritez cette punition,
Ils nous faut croire
Que tout de bon,
Que vous serez noire comme charbon
Qu'en dira-t'on ?
 Iudas, Caïn, Barabas & Pilate,
Cayhe auecque l'Empereur Neron,
Viendront en haste,
D'affection
Vous receuoir côme leurs Côpagôns;
Qu'en dira-t'on ?
 Vous ne ferez jamais de Monopoles
Traistres remplis d'abomination,
Car nos pistoles,
Et nos Doublons
Vous nous auez enleué à foison
Qu'en dira-t'on ?
 Monopoleurs le Diable vous en-
 traisne,
Car de bon cœur tous nous le souhai-
 tons,
Que dans la Seyne,
Fussiez au fond
Et noyez tous comme fut Pharaon:
 Qu'en

Qu'en dira-t'on ?
La pauure France sera deliurée,
Et ne sera plus dans l'opression
Tiranisée,
Par ces Desmons,
Qui seront tous mis en destruction,
Qu'en dira-t'on ?   FIN.

CHANSON D'VN BON
garçon, qui boy de réjoüyssance sur la fuitte des Monopoleurs : Sur vn chant qui coure, &c.

IE dépite, ie dépite,
　Qu'aucun boiue plus que moy,
　Les Maltotiers sont en fuite,
I'en suis joyeux & j'en boy.
　Tous les Diables, tous les Diables,
Prennent les Monopoleurs,
Car ces traistres miserables
Nous cause de grands mal-heur.
　Crions viue, crions viue,
Le Roy, & le Parlement,
A celle-fin qu'ils nous priue
De nostre peyne & tourment.
　Cousin Gilles, Cousine Gilles,
Donne à boire au voisin Luc,
Car ie voy qu'il est débille,
Et me semble tout caduc.
　Quoy qu'on die, quoy qu'on die,
De tout ce bruit là qui court
Ie feray pourtant la vie,
A ces bruits faisant le sourd.
　I'ay en hayne, i'ay en hayne,
Ces Coquins de Maltotiers
Fussent-ils tous à la Gesne,
Ie le voudrois volontiers.
　On trauaille, on trauaille,
A nos maux diminuër
C'est pourquoy ie fais gogaille
Et j'y veux continuër.
　Du Commerce, du Commerce,
Ie ne veux point me mesler
Quand vn tonneau est en perce,
I'ayme bien mieux grenoüiller.
　Quoy qu'on fasse, quoy qu'on fasse
Il me faut donner du vin,
Aprés ie fais vne Farce,
Quand ce seroit Tabarin.
　Il faut boire, il faut boire,
A la santé de Broussel,
Et l'auoir dans sa memoire,
Car il est beny du Ciel.   FIN.

L'arriuée de Monsieur de Beaufort, dans la ville de Paris, *Sur le chant*, Adieu donc belle Aminte, &c.

BEaufort courage martial,
　Est venu pour finir nos peynes
　Il est hors du bois de Vincienne
Tout en dépit du Cardinal,
Ce Prince magnanime,
Ce grand cœur de Beaufort,
Les Parisiens estime,
Qui sera leur support.
　Mazarin sera fugitif,
Car par sa grande outrecuidance
Il a tant fait souffrir la France,
Et tenu ce Prince captif,
Ce Prince magnanime, &c.
　Chacun se doit bien réjoüir,
Esperant sortir de misere,
Ce vaillant Duc se delibere,
Dans le bon-heur nous restablir,
Ce Prince magnanime, &c.
　Paris l'auoit bien souhaitté,
Mais à present qu'il le possede,
Il croit rencontrer le remede,
Et trouuer sa felicité,
Ce Prince magnanime, &c.
　Voyant ses genereux exploits,
Sa valeur & sa hardiesse,
On cria auecq; allegresse,
Viue ce grand Seigneur François,
Ce Prince magnanime, &c.
　Chacun est content & joyeux,
A cause de sa déliurance,
Car il nous donne esperance,
Qu'on le verra victorieux,

B

Ce Prince magnanime, &c.
Il est hardy plain de valeur,
Et plus vaillant que son espée
Heureuse soit son arriuée,
Qui sera pour nostre bon-heur
Ce Prince magnanime,
Ce grand cœur de Beaufort,
Les Parisiens estime,
Qu'il sera leur support. FIN.

Le Salut des Partisans, & autres pieces du Temps.

Chantons tout haut, Gaudeamus,
Le Parlement à le dessus,
Et nous remet en nos estats, Alleluya,
Alleluya, Alleluya, Alleluya.
 Nous joüyssons par la bonté
De cette ancienne liberté,
Plus d'Impost l'on ne souffrira,
Alleluya, &c.
 Tous les Maltotiers sont camus,
Ces mal-heureux n'en peuuent plus,
Retournent en leurs premiers estats,
Alleluya, &c.
 Charles Picard tout le premier,
Reprend l'estat de Cordonnier,
Que jadis son exerça
Alleluya, &c.
 Tabouret veut aussi rentrer,
Dedans l'honnorable Mestier,
De Frippier tant il s'y ayma,
Alleluya, &c.
 Doublet malgré tous ses supposts,
Reprend aujourd'huy les sabots,
Que dans Paris il apporta,
Alleluya, &c.
 Pour le Févre chacun souftien,
Que puis qu'il est venu de rien,
En l'air ces iours il finira,
Alleluya, &c.
 Mesme l'on void que Guenegaud,
Qui viuoit jadis à gaugaud,
A grand' peyne il s'en souuera,
Alleluya, &c.
 Quoy qu'on ait veu Mosseur Larcher,
Auec grand train tousjours marcher
Au Village on le trouuera,
Alleluya, &c.
 Sans rechercher l'extraction
De Catelan, ny sa maison,
D'abord on croit qu'on le pendra,
Alleluya, &c.
 Et pour le regard d'Emery :
Chacun souftient dedans Paris.
Que le Diable l'emportera,
Alleluya, &c.
 Or-sus il nous faut réjoüyr,
Et ne plus iamais se seruir
De ces Diables incarnez là,
Alleluya, &c.
 Et ce Sorcier de Mazarin,
Qui a souftenu tout le train,
C'estoit pour troubler tout l'Estat,
Alleluya, &c. FIN.

AIR DV TEMPS :
Sur le chant, Laissez paistre vos bestes.

Le Cardinal cét animal,
Qui est cause de nostre mal,
Et son Mulet & son Cheual,
Il ruyne tout le peuple,
Cét hypocrite & endiablé
Cependant cét infame
Fait encherir nos bleds,
Quoy que ne soyez bestes,
Pauures Laboureurs & Marchands,
L'on vous veut faire paistre
L'herbe parmy les Champs.
 Il a rauy tous nos Louys,
Pour enuoyer en son pays,
Car les Iules en sont banis ;
Mais s'il ne les rapporte
Il se verra bien-tost puny,
Le grand Diable l'emporte,
S'il ne les va querir,
Quoy que ne soyez bestes, &c.
 Et ce pourceau de Chancelier,

Qui de nos boüés à tant mangé,
Qu'en puisse-il estre creué.
Dedans l'Hostel de Luynes,
S'il ne s'y fut bien-tost sauué,
L'on l'eut mis dans la Seine,
Pour l'apprendre à nager,
Quoy que ne soyez bestes, &c.

La Melleraye s'en est meslé,
Qui a esté bien estrillé
Et par les Mariniers gaulé;
Les grands Crocs de la Gréue:
L'on fait promptement retirer,
Et eut des coups de pierre,
Par dessus le marché,
Quoy que ne soyez bestes, &c.

Particele, ce gros Dragon,
Il eut esté pendu dans Lyon,
Ce qui luy fit changer son nom,
S'enfuya de la ville
Pour se souuer en Auignon,
Les Iuifs le retirerent
Comme leur Compagnon,
Quoy que ne soyez bestes, &c.

Où estoient ces Monopoleurs,
Tous ces Partisans & Volleurs,
Et de la France les Mineurs:
Alors des Barricades,
Si l'on les eust peu attrapper
Nostre braue Brigade
Les eust fait escorcher,
Quoy que ne soyez, &c.

Mais Nosseigneurs de Parlement,
Donneront bien-tost Iugement:
Contre ces traistres insolents
Pour mettre à la potence,
Et puis de là à Mont-faucon,
Cette maudite engeance
Helas ! qu'en dira-t-on ?
Quoy que ne soyez, &c.

Grand Parlement à cette-fois,
A ces Volleurs faites les Loix,
Que le bon-temps fassiez reuoir
Parmy toute la France,
Comme autres-fois il a esté,
Par vostre preuoyance,

Et grande charité :
Quoy que ne soyez, &c.

Et vous Bourgeois, prudents Soldats :
Qui vous disposez aux Combats,
Pour vn sujet si juste, helas !
Qu'vn Paris dans la France,
Ne respire que pour son Roy,
Pour estre en asseurance
Et viure soubs sa Loy,
Quoy que ne soyez bestes,
Pauures Laboureurs & Marchands :
L'on veut vous faire paistre
L'herbe parmy les Champs.

AVTRES PIECES.

ANAGRMME.

Voyez de Mazarin la plaisante Anagramme.
Il y a Sazarin mettant s pour m.

Voyez vn peu quelle manie,
Luy vient de saisir le cerueau,
N'est-pas le traiter de grand ceremonie,
Quand vn Prince du Sang luy oste son
    Chappeau.   FIN.

Air de Cour nouueau, sur la plainte
de l'Amour, contre la Guerre Parisienne : *sur le chant, De la Courante de la Reyne,* &c.

Qve vous nous causé de tourment
Fascheux Parlement,
Que vos Arrests,
Sont ennemis de tous nos interrests ;
Le Carnaual à perdu tous ces charmes
Tout est en armes,
Et les Amours,
Sont effrayez par le bruit des Tam-

bours.

La Guerre va chassé l'Amour,
Ainsi que la Cour,
Est de Paris,
La peure banit & les Ieux & les ris,
Adieu le Bal, Adieu les promades,
Les Senerades,
Car les Amours,
Sont effrayez par les bruits des Tambours.

Mars est vn fort mauuais Galand,
Il est insolent,
Et la beauté,
Perd tous ces droits auprés de la Ferté
On ne peut pas acordez les Trompettes,
Et les Fleurettes,
Car les Amours,
Sont effrayez par les bruits des Tambours.

Mars oste tous les revenus,
A Dame Venus :
Les cheres sœurs,
N'ont à present ny argent ny douceur
On se duiroit pour vn sac de Farine,
Les plus Diuines,
Car les Amours,
Sont effrayez par les bruits des Tambours.

Place Royalle autant d'Amants,
Monstroient leurs tourments
Où leurs destins,
Estoit tousjours flatté par Constantin
On n'entend plus au lieu de tant d'Aubaudes :
Que mousquetades,
Et les Amours,
Pour tousjours n'ont plus que son des Tambours.

Que de plaisirs fait le Blocus,
A tant de Cocus,
Car desormais,
Ils n'auront plus chez eux tant de plumets,
Les cajolleurs

Ces diseurs de sornettes,
Font leurs retraites
Et les Amours,
Sont deserte par les bruits des Tambours.

On ne void plus desprits censé,
Tout est renuersé
Se Senateur,
Trenche à present du bon gladiateurs
Les Escheuins,
Ont quitté la Police,
Pour la Milice,
Et les Bourgeois,
Croient auoir droit de reformer les Loix. FIN.

La Chanson des Barricades de Paris, composée par six Harangeres, *sur le chant*, Lere-leure, &c.

SIx vendeuses de poison, bis.
Ont composée la Chanson, bis.
Des Barricades dernieres,
Lere-la, lere-lenlere,
Lere-la, lere-lenla.

Comme ensembles elles beuuoient b.
L'vne à l'autre se disoient, bis.
Parlons vn peu des affaires,
Lere-la, &c.

Vne vendeuse de sel, bis.
Dit que Monsieur de Broussel, bis.
Nous estoit fort necessaire,
Lere-la, &c.

Pour le peuple supporter,
Fut en prison arresté
Mais il n'y demeura guere,
Lere-la, &c.

Pour afin de le r'auoir, bis.
Chacun se mit en deuoir bis
Monstrant se qu'ils sçauoient faire
Lere-la, &c.

Car les Bourgeois animez, bis.
Aussi-tost se sont armez bis.
Par vne façon guerriere,
Lere-la, &c.

Toutes

Toutes les Chaisnes on tendit, bis.
Et les Barricades on fit, bis.
Toimoignant nostre collere,
Lere-la, lere l'en lere,
Lere-la, lere l'en la.

Les Soldats espouuentez bis.
De ce voir si-bien traitez bis.
Tournoient le cul en erriere,
Lere-la, lere l'en lere,
Lere-la, lere l'en la.

Aussi les Colin Tampon, bis.
Estoient froient comme glaçons bis.
Car il ne croyoient plus boire
Lere-la, &c.

Ils estoient bien estonnez, bis.
De voir qu'à coups de pauez, bis.
On cassoit leur cermoniere,
Lere-la, &c.

Et dessus la Melleraye, bis.
On faisoit voller les grez, bis.
Les bastons aussi les pierres,
Lere-la, &c.

Et aussi le Chancellier, bis.
En eut eu plus d'vn millier, bis.
Mais il passa la riuiere,
Lere-la, lere l'en lere,
Lere-la, lere l'en la.

Mais ils ont pour se venger, bis.
Voulu premier assieger, bis.
Mais il n'y gagnerons guere,
Lere-la, &c.

Bien voir qu'au cōmencement, bis.
Nous ayons quelque tourment, bis.
Nous sortirons de misere,
Lere-la, &c.

Crions tous de viue foy, bis.
Viue Louis nostre Roy, bis.
Aussi Monseigneur son Frere,
Lere-la, &c.

Puis crions pareillement, bis.
Viue Nostre Parlement, bis.
Qui sont nos Nosseigneurs & Peres,
Lere-la, lere l'en lere,
Lere-la, lere l'en la.

FIN.

La chasse donnée à Mazarin, par les Païsans des Bourgs & des Villages, sur le Toclain : *sur le chant de Monceaux.*

Bourgs, Villes & Villages,
Le Tocsain, il faut sonner,
Rompez tous les passages
Qu'il vouloit ordonner,
Il faut sonner le Tocsain,
Din, din, pour prendre Mazarin.

Nuitamment ce perfide,
A enleué le Roy
Le cruel merite
Estre mis aux abois,
Faut sonner le Tocsain, &c.

Ce meschant plein d'outrage
A ruiné sans deffaut,
Vous tous gens de Village,
Vous donnant des imposts,
Faut sonner le tocsain, &c.

Mettez-vous sur vos gardes
Chargez bien vos Mousquets,
Armez vous de halbardes,
De picques & corcelets,
Faut sonner le tocsain, &c.

Vertu-bleu se dit Pierre,
Ie n'y veut pas manqué
Car i'ay vendu mes terres
Pour les Tailles payer,
Faut sonner le tocsain, &c.

Foin de cette bataille
Chez-moy il n'y a plus
Que les quatre muraille
Tous mon bien est perdu,
Faut sonner le tocsain, &c.

Pour payer les Subsites
I'ay vendu mon godet,
Ma poësle & ma marmite
Iusques à mon souffler,
Faut sonner le tocsain, &c.

Moy pour payer les Tailles
I'ay vendu mes moutons,
Ie couche sur la paille

Ie n'ay pas le tefton,
Faut fonner le tocfain, &c.

   Taiftigué dit Euftache,
I'ay vendu mes Cheuaux,
Ma charuë & mes vaches
Pour payer les impofts,
Faut fonner le tocfain, &c.

   Moy i'ay chofe certaine,
Vendu mon gros pourceau,
Mes chèvres & mes gelines,
Pour payer les impofts,
Faut fonner le tocfain, &c.

   Coulas prit fon efpée
Et des piarres en fa main,
Dit faut à la pipée
Prendre cét inhumain,
Faut fonner le tocfain, &c.

   Guillaume prit fa fourche,
Et trouça fon chapeau,
Il dit faut que ie chouche
Mazarin au tombeau,
Faut fonner le tocfain, &c.

   Noftre France eft ruinée,
Faut de ce Cardinal,
Abreger les années,
Il eft autheur du mal,
Faut fonner le tocfain,
Din, din, pour prendre Mazarin.

LE LIBERA DE IVLES

Mazarin, ce mefchant perfide Miniftre d'Eftat : Sur le chant, des Enfarinez.

MAzarin inftrument du Diable,
Tu nous fais fouffrir par tes darts
Te volià pris comme vn renard
De tous coftez chacun t'acable,
Mazarin il te faut chanté
D'vne voix bien trifte & tremblante,
Mazarin il te faut chanté
Ton *Libera me Domine.*

   Mefchant perfide fanguinaire
Monfeigneur le Duc de Beaufort
A promis de mettre ton corps,
Tout en cendre & en pouffiere,
Mazarin il te faut chanté, &c.

   L'on fçait toute ta Genealogie,
Tu és le fils d'vn fimple Marchant:
Tu t'es par ton efprit mefchant,
Efleué par ta tyrannie,
Mazarin il te faut chanté, &c.

   Tu nous as fait prendre les armes,
Nous te mettrons dans le tombeau,
Le Duc de Beaufort bien difpos,
Te mettra fous la froide lame,
Mazarin il te faut chanté, &c.

   Le Cardinal Sainéte Cecile
Ayant nos Louys d'or enleué
Ne fut-il pas empoifonné
Comme vne chofe tres-vtile,
Mazarin il te faut chanté, &c.

   Mefchant remply de tyrannie
Ne merite-tu pas la mort,
Il faut que ton infame corps,
Il foit trainé à la voirie,
Mazarin il te faut chanté, &c.

   Tu as fait enleuer hors de France
Nos Piftoles & nos Efcus d'or,
Nos Quadruples & nos Louys d'or
Ton corps patira pour l'offence,
Mazarin il faut chanté, &c.

   Tu és l'inuenteurs des Subfiftances,
Le chef des Monopoleurs,
Sur toy nous fommes les vainqueurs,
Te voilà mis en decadance,
Mazarin il te faut chanté, &c.

   Fus-tu déja à tous les Diables,
Toy & tous les Monopoleurs,
Vous ne portez que du mal-heur
Par vos efprits abominables,
Mazarin il te faut chanté, &c.

   Tous les diables ont pris les armes
Afin de te bien receuoir
Mais que tu fois dans les Enfers
Proferpine tu auras pour femme,
Mazarin il te faut chanté, &c.

   Tu trouueras tes Camarades
Dans ces lieux fombres & tenebreux

Tu pourras ioüer auec eux
Côme estant grand ioüeur de cartes,
Mazarin il te faut chanté, &c.

Tu as fait languir par tes souffrances
Les Laboureurs & Vignerons,
Ainsi qu'vn perfide larron,
N'as-tu pas ruiné nostre France,
Mazarin il te faut chanté, &c.

Tu seras mis dans la fausse noire
Auec tous les Monopoleurs,
Tu ne causera plus de malheurs
Ny de cruauté sanguinaire,
Mazarin il te faut chanté,
D'vne voix bien triste & tremblante,
Mazarin il te faut chanté
Ton *Libera me Domine.*

CHANSON NOVVELLE,
de Iules Mazarin, dit ie suis l'Arman : Sur le chant, *Ha! la voilà, ha la voicy, celle qui charme mon soucy.*

Preparons sans craindre rien
Suiuons le Duc de Longueuille
Il faut amatté Mazarin
Ce Tyran natif de Cycile,
Haro, haro dessus ce Cardinal
Qui ne nous fasse plus mal.

Brisons la teste à ce Desmon
Ce nous est vn signe effroyable
De voir au lettre de son nom
Ie suis Larman si redoutable,
Haro, haro dessus ce Cardinal
Qui ne nous fasse plus de mal.

Dans quel regne helas sommes nous
N'y a-t'il qu'vn Beaufort en France
Duc d'Orleans que faites vous,
Monstré vn peu vostre puissance,
Haro, haro dessus, &c.

Vous estes Princes de bonté
Vous estes Seigneur débonnaire
Protegeant nostre liberté.
Ferez ce que vous deuez faire,
Haro, haro dessus ce Cardinal
Qui ne nous fasse plus de mal.

Halas Prince que faites vous
Vn Cardinal vous fait la guerre
Et vous tenez aupres de nous
Vn autre Arman d'estrange terre,
Haro, haro dessus, &c.

Grand Duc monstrez-vous sans pareil
Premier Protecteur de la France
Chassant ce Desmon du Conseil
Vous allegerez nostre souffrance,
Haro, haro dessus, &c.

Et si l'on en parle par fois
Ce n'est que de sa tyrannie
Chassons du nombre des François
Cét Arman natif d'Italie,
Haro, haro dessus, &c.

Disant qu'on veut l'assasiner
On luy veut donner deux cens gardes
Il ne faut que pour nous ruiner
Qu'vn pareil nombre de hallebarde,
Haro, haro dessus, &c.

Gaston le peuple aux abois
Remet en vous son esperance
Et tous d'vne plaintiue voix
Vous demãdons quelque allegeance,
Haro, haro dessus, &c.

Gaston chasse ce Cardinal
C'est luy qui ruyne nos Prouinces
Il est autheur de tout le mal
Et le discord d'entre les Princes,
Haro, haro dessus, &c.

Quatre-vingt mulets chargez d'or
Ont déja gaigné sa Prouince
Ce meschant veut ruiner encor
L'authorité de nostre Prince,
Haro, haro dessus, &c.

Assasiner ce Cardinal
C'est gaigner plenier indulgence
Ou bien il fera plus de mal
Qu'vn Büillon n'a fait en France,
Haro, haro dessus, &c.

Sus persons de coups, Parisiens,
Les tripes de cette Eminence
Il nous les faut ietter aux chiens
Qu'il n'aye des tombeaux en France

Haro, haro deſſus ce Cardinal
Qui nous faſſe plus de mal.

Sur tout conſeruons noſtre Roy
Innocent du mal qu'on nous donne,
Et que tous faſſe comme moy
Pour luy conſeruer ſa Couronne,
Haro, haro, deſſus, &c.

Crions viue les fleurs de Lys
Viue noſtre Roy débonnaire
Faut grauer nos faits inoüis
Dedans le Temple de memoire
Haro, haro deſſus ce Cardinal,
Qui ne nous faſſe plus de mal.

SVPLICATION A MONſieur le Prince, de quitter le party Mazariniſtes : *sur le chant*, Bachus eſt l'Amour ce Vollages.

PRince gardez que voſtre haine
Ne vous faſſe beaucoup de peine,
Sans fruict & ſatisfaction,
Si vous joüez de voſtre reſte
Dieu qui ſçait voſtre intention
Vous la rendra toute funeſte.

Quel abus a ſéduit cette ame,
Qu'on void iadis dans les alarmes
Cueillirs tant d'iluſtres l'Auriers
Faut-il que pour vne s'enfuë
Le plus vaillant de nos guerriers
En voulant nous tuer ce tuë.

Quittez la cauſe Mazarine
Prince de peur que ſa ruyne
Ne vous faſſe tomber auſſi,
Venez vous joindre à voſtre frere
Le ſang du Grand Montmorancy
Fait que tout Paris vous reuere.

La pauure France eſt d'eſolée
De voir ces filles violée
Les Temples meſmes prophanez,
Si iu'que au cœur vos traits la bleſſent
Mourant des coups que vous donnez
Qu'elle doit eſtre ſa triſteſſe.

Voſtre païs vous fait ces plaintes,
Le Païſant fremit de craintes

Le Labonreur au deſeſpoir
Abandonne ces meteries,
Et celà ne peut eſmouuoir
Voſtre cœur remply de furie.

Si vous vous deſtruiſez vous meſme
Voſtre mal n'eſt pas moins extreſme
Que celuy du pauure indigent
Conſeruez le peu qui demeure,
Il ne vous paſſera pas l'an
Si vous le mengez à cette heure.

Ces Lys qui font ces dignes marques
De la candeur de nos Monarques
Fleſtriſſent au ſang des innocens,
Louis Prince plein de ſageſſe
Les ſouſtient de ſon bras puiſſant
Et le voſtre aujourd'huy les bleſſent.

Ce monſtre iſſué de l'Italie
Le matin de l'Eſpiphanie,
A la rigueur de la ſaiſon
Il expoſa cette victime,
Sur l'Autel de la trahiſon
Pour nous mieux paſlier ſon crime.

Pour mieux deſtruire nos Prouinces
Pour esbloüir les yeux des Princes,
Tu faits vn Rapt digne de roy,
Pour rendre vn innocent rebelle
Tu nous enleue noſtre Roy
En nous faiſant vne querelle.

Vous Reyne pour qui nos ſufrages
Ont rendu tant de teſmoignages
De l'amour qu'on auoit pour vous
Vous euſtent vn Roy par nos prieres
Si Dieu ne l'a donné qu'à nous
Pourquoy l'oſter de la maniere.

Gaſton faut-il qu'vn peuple voye
Que vous courez apres la proye,
Et protegez le rauiſſeur
Voſtre ame ſi chere à la France
Partageant le gain du voleur,
Partagera la recompence.

Si Louis Prince débonnaire
Eſtoit encor deſſus la terre,
Et ce tigre chez les Romains,

La Riuierre feroit tairie,
Ils n'auroient pas emplis leurs mains
Pour les vuider en Italie.

CHANSON NOVVELLE

sur la genereuse resolution d'vne Fille, qui veut mourir pour le seruice du Roy & sa patrie, & comme elle prend les Armes à se sujet : *Sur le chant*, Elle est reuenuë Denise.

VNe fille d'aupres de la Tournelle
S'est voulu enrooler,
 Se promettent de faire des merveilles,
Faisant d'elle parler,
A pris party pour aller a l'Armée
Elle s'en est en allez Ieanne,
Elle s'en est allée.
 Elle a iuré deuant beaucoup de monde,
Et aussi ses parens, (conde,
Qu'elle vouloit estre vne vraye se-
Pucelle d'Orleans,
Aussi bien qu'elle elle manira l'espee,
Elle s'en est en allee, &c.
 Elle a iuré par l'espée qu'elle porte
Que s'estoit son dessein,
Qu'elle accommoderoit de bonne sorte,
Le Cardinal Nazin,
Car contre luy elle est fort animée
Elle s'en est allée, &c.
 Pour mon bon Roy & ma chere patrie,
Ie m'en vais batailler,
Ie perdray cent fois plutost la vie,
Qu'on me voye reculer,
Car au combat ie suis bien preparée,
Elle s'en est, &c.
 Elle faisoit dix mille caracolles
Montée sur son Cheual,
Disant ie feray faire des cabriolles
Aux gens du Cardinal,

D'vn bon Fuzil elle sera équipée
Elle s'en est allée, &c.
 Marchant sous la genereuse côduite
Du Grand Duc de Beaufort,
Aux ennemis feray prendre la fuite,
Où les metrray à mort.
Et fuiront comme brebis esgaree,
Elle s'en est, &c.
 Ie ne feray iamais vne poltronne
Ie le feray bien voir,
Car iour & nuict faut que ie me sçavonne,
I'en ay bien le vouloir,
De l'ennemy ie feray redoutée
Elle s'en est, &c.
 Les Pistolets a l'arçon de la Seelle
Les bottes & les esprons, (telle
Le iuste au corps plumme belle d'en-
Auec les gros boutons,
De beaux galans elle est bien a iustee
Elle s'en est, &c.
 Iamais Roger, Olyuier de Castile,
Roland Richard sans peur,
Ne fera mieux que fera cette Fille,
Car elle a trop de cœur,
La saint Balmond ne sera plus estimée
Elle s'en est, &c.
 Car elle veut que d'elle chacun parle,
Et ie sont ses souhaits,
Qu'elle soit mises dedans les Analles
Parlant de ses hauts faits,
Que la France luy sera obligée,
Elle s'en est en allée Ieanne
Tout droit à l'Armée.

L'ADIEV DE MAZARIN

à la France, & la Confession qu'il a fait de toute ses fourberies, auparauant son depart : *sur le chant*, Pourquoy cher Celadon, &c.

ADieu braues François,
Si Noble & si courtois,
Il faut que ie vous quitte

Ie me vais retirer,
Mais mon esprit est triste
De vous abandonner.
 Deuant que de partir,
Ie vous veux aduertir,
De tous les volleries,
Que i'ay fait en ce lieu,
Voulant par tyranies
Par tout mettre le feu.
 N'ay-ie pas vn grand tort,
Rauir voſtre ſupport,
Louys le Roy de France,
Et de nuict l'enleué,
De ma grande arrogance,
Ie ne m'en puis ſauué.
 Deplus à Charanton,
De ce Grand Chaſtillon,
De ſa mort ie ſuis cauſe,
Voulant par trahiſon,
Faire bien autre choſe,
En ruynant les Maiſons.
 L'on cognois mon ſçauoir,
Car c'eſt tout mon vouloir
De guaſter toute la France,
Mais l'on c'eſt apperceu
De mon intelligence,
Dont m'en voilà déceu.
 Pluſieurs ay fait languir,
Et des armées perir,
Par ma folle entrepriſes,
I'ay le Grand Gaſſion,
Sans nulle autre remiſes
Fait tuer en trahiſon.
 I'ay dedans & dehors,
Rauy tous les threſors
De cette pauure France,
Et les Pariſiens
Reduit en decadence,
Ruiſſant leur moyens.
 Les pauures villageois,
Ay reduit aux abbois,
Et dedans la miſere,
Où ils ſont maintenant,
Dans leur douleur amere,
Il me vont maudiſant.

l'ay voulu affamer,
Affin de ruyner
Paris la bonne ville,
Mon deſſein desloyal
C'eſt trouué inutille,
En exentant ce mal.
 Ie ne ſçay où tourné,
Car ie ſuis condamné
Que ſi quelqu'vn m'auiſe
Il me feront mourir,
En faiſant à leur guiſe,
Me faut ainſi perir.
 N'ayant nul reconfort,
N'y point de paſſeport,
Ie ne ſçay où pretendre,
De me pouuoir ſauuer.
Enfin me faut attendre,
De me deſeſperer.
 I'eſpere dans l'Enfer,
Auec que Lucifer,
Y faire mon entrée,
Et tous les Diablotins,
A ma belle arriuée
Y feront des feſtins.
 Vous faut les armes en main
Tuër ce Mazarin,
Ce monſtre deteſtable
Sus courage François,
D'vn cœur tres-aymable
Mettons l'ay aux abbois,
 Parauant mon départ:
Me faudra toſt ou tart,
Mourir de mort eſtrange,
Car ie ſuis deſtiné
D'eſtre mis dans les fanges
Pour y eſtre traiſné.

La vie & la mort de Monſieur de Clanleu, Gouuerneur de Charaton, lequel fut tué dans la Bataile, au grand regret des Pariſiens : *ſur le chant*, Pauures Peſcheurs reſveillez-vous, &c.

P Leurons honorables François,
Noſtre bon General,

Qu'eſtoit de Clanleu ſi courtois,
Noſtre amy & loyal,
Qui fut tué à Charanton,
Auſſi-bien que Monſieur de Chaſtillon.
 Il a ſeruy le Roy Louys,
Dedans les Pays-bas,
Montrant à tous nos ennemis,
La valeur de ſon bras,
A Courtray & meſme ailleur,
Il a montré ſon inſigne valeur.
 A Bergue & Ipre meſmement
Il fit de beaux exploits,
Faiſant bien voir à ces Flamands,
Et à ces Dunkerquois,
Que pour ſon bon Roy ſans tarder
Sa vie dans ces lieux vouloit hazarder.
 A Furnes, & au Fort Mardik,
Ce vaillant Conducteur,
Sur la mer parut fort hardy,
Faiſant de la terreur,
Aux Vaiſſeaux qui vouloient entrer
Dedans la place pour la ſeconder.
 Monſeigneur le Duc d'Orleans,
Voyant qu'il auoit fait,
En homme ſage & bien prudent,
Luy donna cét endroit,
Pour en eſtre le Gouuerneur,
L'appuy & auſſi le vray deffenſeur.
 A Dunkerque pareillement,
Ce Genereux Seigneur :
Se battoit touſjours vaillamment
Dedans les lieux d'honneur,
Mais falloit-il qu'à Charanton,
Eſtre tué par vn meſchant poltron.
 A Diximud il y a deux ans,
Qui le prit pour certain,
Deuant Léopold & ſes gens,
Vn Ieudy au matin,
Et dont il en fut Gouuerneur,
Pour ſon courage & auſſi ſon grand cœur.
 Et au bout de huict iours apres
Léopold vint Camper,
Deuant la Ville tout exprés,
Afin de l'aſſieger,
Où alors Monſieur de Clanleu,
Faiſoit des furieuſes ſortis ſur eux.
 Ce Guerrier ſouſtint dix-huict iours,
Comme vn vaillant Soldat,
D'vn fort beau zele & plein d'Amour
Donnant force combats,
Dedans l'Armée & dans leurs Camp
Taillant en piece d'aucun Regiment.
 Il luy falut au meſme temps
Bien-toſt capituler
Voyant qui n'y auoit nullement
Quaſiment de quartier,
Car pour les Soldats qu'il auoit
Furent tous priſonniers dans cét endroit.
 Aprés cela il s'en-alla
Trouué lors Gaſſion,
Le ſupplier qui l'enuoya,
A Louys de Bourbon,
Lettre eſcripte de ſa main
Que la ville eſtoit renduë pour certain.
 Gaſſion eſcript promptement
Vne lettre au Roy,
Qui s'eſtoit battu vaillamment
Ayant par pluſieurs-fois,
Fait des ſortys ſur l'ennemy
En montrant qui n'eſtoit pas endormy.
 Mais tout cela n'empeſcha pas
Le mal-heureux deſſein
De ce perfide & ce Iudas,
Qu'on nomme Mazarin,
Car il le fit mettre en priſon
Par vne noire & mauuaiſe intention.
 Dedans Amiens il fut vn an,
Retenu priſonnier
Mais les barricades arriuant
Si-toſt fit ſupplier
Tous nos Seigneurs de Parlement
Pour leur montrer qu'il eſtoit innocent.

D ij

Le Parlement ayant connu
Point de mal à son fait
Aussi-tost il s'est resolu
Qu'il faloit en effet
Que le Cardinal Mazarin,
Contre luy eut quelque mauuais dedain.
 Il le fit forty de prison
Comme estant innocent
Et luy d'vne bonne action,
Vint saluër humblement
Le Parlement dedans Paris,
Durant que le siege y estoit donc mis.
 Lors Charanton estant à nous
Ces Messieurs luy ont dit
Nous desirons que ce soit vous
Qui nous serue d'appuy
Et mesmement de Gouuerneur
Car nous sçauons qu'auez vn tres-grand cœur.
 Et cét honneste homme emmena
Les Regiments leuez
Et dans le Bourg il ordonna,
Comme ils furent arriuez
Les postes qui deuoient tenir
Afin de voir les ennemis venir.
 Il fut enuiron quinze iours,
Sans qui l'aperceut rien
Mais vne nuict tout à l'entour
Le Prince estoit soudain,
Et le matin estant venu
Clanleu & ses gens les ont reconnus.
 Le Prince aduança le premier
Et ce grand Chastillon,
Mais voicy douze Fuziliers,
Qui tiroient tout de bon
Sur eux & aussi sur leurs gens
Dont ce Seigneur fut mis au monument.
 De Condé voyant ce mal-heur
S'en-vint fort rudement
De tous costez donnant terreur,
A tous les Habitans
Car l'vn s'enfuyoit dessus l'eau
Et les autres dans des petits bateaux.
 Clanleu estant dessus le pont
Il se vid entourer
De plusieurs coquins & poltrons
Qui vouloient l'attraper
Mais luy à coups de pistolets
Tüa six Mazarins & six Polonois.
 Vn Sergent traistre & peruers
Luy donna dans les rains
Vn coup qui le mit à l'enuers
Et tomba pour certain
Lors il s'écria ô mon Dieu,
Pardon ie vous demande dans ce lieu.
 A Iesus-Christ recommanda,
Son ame & son esprit
Priant la Vierge à son trespas
Auec vn cœur contrit
De luy vouloir faire ce don
De ses pechez auoir remission.

Les Regrets de Madame de Chatillon, sur la mort de son cher Espoux : *sur le chant*, Que de tristesse & de deuil, &c.

O! Quelle grande pitié,
 Ie reçois dedans mon ame,
De voir ma chere moitié,
 Reduit sous la froide lame.
C'est ce grand de Chatillon,
Qui a tant fait de vaillance,
En plusieurs occasions
Seruant bien le Roy de France.
 Il estoit le grand mignon,
De Condé chose asseurée
Mais pour luy à Charanton,
Fut tüé dans la meslée.
 Faloit-il qu'il entreprit,
Vne Guerre illegitime,
Contre ces meilleurs amis,
Qui en ont tant fait destime.
 Qu'est la cause de sa mort
C'est ce mal-heureux infame :
Qui a fait par-tout grand tort,
Dont tout le monde le blasme.

C'est

Ce traiſtre de Cardinal,
Commanda d'aller reprendre,
Comme vn Deſmon infernal,
Charanton ſans plus attendre.

A lors mon cher Eſpoux dit
D'vne parole agreable,
Faut-il que ie me ſoit mis
Du coſté d'vn miſerable.

En proferant ce diſcours,
Il falut à l'heure meſme,
Quitter là toute la Cour,
Auec vn regret extreſme.

Eſtant au Bourg arriué,
On commença à ſe battre,
Où pluſieurs furent tüés
Dedans ce furieux deſaſtre.

En combattant il diſoit
O! mon Dieu qu'elle querelle?
Voir François, contre François,
Que cette Guerre eſt cruelle.

Au meſme temps il receut
Vn coup dans le petit ventre,
Et tomba toute eſtendu,
Ne ſe pouuant plus deffendre.

Puis aprés on le porta,
Dedans le Bois de Vincenne,
Où la Vierge il reclama
Qu'elle eut eſgard à ſa peyne.

En mourant il regrettoit
La faute par luy commiſe
Mais qui n'auoit pû iamais,
Refuſé cette entrepriſe.

Il dit encore vne fois,
Faloit-il faire la Guerre,
Contre les pauures François,
Qui ſouffre tant de miſere.

Il faloit mieux s'en-allé
La faire dans l'Angleterre,
Pour la ſainéte Foy planté,
Que n'on-pas contre nos freres.

Il demanda humblement,
Pardon de ſa grande offence
Faites à ce grand Parlement,
Qui eſt le premier de France.

Voilà comme il treſpaſſa
En prononçant ces paroles,
Ce bas monde il delaiſſa
A-Dieu ſon ame s'envole.

Auſſi ſon propre Couſin,
Fut tué dans cette attaque,
Dés le Lundy au matin,
Et pluſieurs de grand remarque.

Et moy Dame de renom,
On m'apporta la nouuelle
De la mort de Chaſtillon,
Mon cher Eſpoux tres-fidelle.

C'eſt ce meſchant Cardinal
Qui a cette mort cauſée
Que mon bon mary loyal,
Ma ainſi toſt delaiſſée.

Ie prie Dieu de le placer,
Dedans la gloire Eternelle
Et vouloir recompenſer
Mon bien aymé mon fidelle.

Les Adieux qu'à fait Monſieur de Chaſtillon auant que de mourir, à ſa Mere & à ſa Femme : *ſur le chant*, O! mort, tres-rigoureuſe mort, &c.

ADieu, ma chere mere adieu,
A dieu donc ma bien aymée femme,
Il me faut quitter ce bas lieu,
Pour à Dieu rendre ma pauure ame,
Si en mourant i'ay vn regret
I'en ay vn tres-iuſte ſujet.

Ce n'eſt pas que ie crains la mort,
Car ie ſçay qu'il faut que ie meure,
Mais c'eſt que i'ay vn grand remort,
Que l'on m'en a aduencée l'heure,
Dans vn Combat où i'ay eſté
N'en n'ayant pas la volonté.

Helas! ce fut à Charanton,
Où on donna vne Bataille,
Qu'à cette iniuſte occaſion,
Que i'ay trouué mes funerailles,

E

Mais de mon funeste trepas,
Ha ! coupable ie ne suis pas.

Car le seul sujet principal,
De la Bataille mal-heureuse,
Ce fut le meschant Cardinal,
Dont l'ame trop embitieuse,
Commanda sans nul raison
Qu'on alla prendre Charanton.

C'estoit le Prince de Condé,
Qui estoit Chef de l'entreprise,
A moy il me viens commandé
De me trouuer à cette prise,
Dieu sçayt que mon intention
N'estoit point à cette action.

Car en mon cœur ie connoisois,
Que c'estoit vne grande follie,
De faire la guerre aux François
Estans tous de mesme patrie,
Ce Combat ie ne pouuois fuïr
Car il me faloit obeïr.

Adieu donc puissant Roy Louys
Adieu Monarque débonnaire,
Dieu vueille vn iour en Paradis
Ie vous voye aussi vostre Frere,
Si i'ay vn regret de mourir
C'est ne vous pouuant plus seruir.

Si mon trespas j'eus rencontré
Dedans vne occasion bonne,
Ie prendrois la mort plus à gré
Que pour vne prise poltronne,
Que le Cardinal Mazarin,
Vouloit auoir à perte ou gain.

Ma grande consolation,
Quittant cette vie terrienne,
C'est que i'ay la Religion
Qui est la meilleur & certaine,
Où on peut son salut trouuer
Et auec elle se sauuer.

Ie ne serois plus prolonger
Car il faut que mon ame expire,
Ie prie Dieu me vouloir loger
Là haut dans son Celeste Empire
Ie meurs bien resout & conrant,
De tous mes pechez repentant.

Ie vous presente mes adieux,
Ma Femme & Mere bien aymée
Dieu vueille qu'vn iour dans les
  Cieux,
Que nos trois ames soient placés,
Pour le loüer incessamment
Plein d'vn parfaict contentement.

L'aparision de l'esprit de Monsieur le Duc de Chatillon, au Prince de de Condé : Sur le chant, Ie suis vostre beauté, &c.

AVant que l'œil du Tour
  Eut commencé son tour,
Et que la nuit, qui nous liure au som-
  meil,
Nous eut remis dans les bras du res-
  veil,
On rendoit au repos,
Ce que nature auoit mis en despost,
Mais dans l'estat de ce silance
L'esprit bat les corps
De differans remords.

Le Duc de Chastillon,
Qui fut à Charanton,
Pour l'interrest, d'vn Ministre odieux
Blessé à mort d'vn coup iniurieux
Sortis de son Tombeau,
Demy couuert de son triste l'embeau,
Pour remontrer à vn grand Prince,
Le comble d'orreur,
Où monte sa fureur.

Prince dis cette esprit,
D'vn accent tres-hardy,
Vous cognoissez, que pour vous auoir
  creu,
Chastillon à des morts le nombre
  acreu
Voyez à quoy me sert,
Le vain support que vous m'auiez
  offert.
Puis que la mort par sa puissance
Oste les Lauriers,

Des Illustres Guerriers.
J'estois bien abusé,
De n'auoir mesprisé,
Tous vos presens, côme vn apas fatal,
D'où d'escriuoit la source de mon mal
Helas ! si j'eusse creu,
N'en remporter que ce que i'ay reçeu
Vous n'auriez pas par artifices
Contre la raison
Fait armer Chastillon.
 Dans le sang des François,
Contre-venez les Loix,
Vous flestrissez, ces Lauriers plains d'effroy
Que vous cueillaste à Lens & a Rocroy,
Vous tachez vostre Nom,
Et faites tort à celuy de Bourbon,
Montmorancy aura la honte,
De voir ses nepueux
Prendre vn party honteux.
 Mais encor n'estre rien,
Pour vn Prince Chrestien,
Que de songer, à dresser des Autels
Aux faux honneurs que cherchent les mortels,
Craignez vn Souuerain
Plus grand que vous, & redoutez sa main,
Si a punir elle est trop lante
Son bras tout puissant
N'en est pas moins pesant.
 Pouuez-vous bien sans peur,
Sans crainte & sans frayeur,
Paroistre vn iour, deuant vn Dieu Puissant,
Auec vn bras rougy de vostre sang
Grand Prince où fuyrez-vous,
De quelle sorte esuiter son couroux
Estant dessus, de toute asile,
Il n'est point de lieu
Contre l'Ire d'vn Dieu.

Les trahysons de Mazarin descouuerte; Auec le *Salué Regina*, & l'*Inmanus*, qu'il doit chanter à la mort: *sur le chant*, De Lampon, &c.

Faudra pour punitions, bis.
De toutes mes trahysons, bis.
Qu'en tres-belle Compagnie
Salué Regina je die,
Deplus deplus,
Et aussi mon *Inmanus*,
 Ie suis pauure Cardinal, bis.
On veut que ie fasse vn bal, bis.
Dont la pitoyable dence,
Se fera à la potence,
Deplus deplus
En disant mon *Inmanus*.
 Qui fait que ie suis hay, bis.
C'est que i'ay par trop trahy, bis.
Car i'ay causé que la France,
Est en vne grande souffrance,
Faudra, faudra,
Chanter *Salué Regina*.
 I'ay enleué tout l'argent, bis.
Qui rend le peuple indigent, bis.
I'ay tant fait de Monopoles,
Et tant vollé de pistoles
Qui faudra, qui faudra
Chanter *Salué Regina*.
 N'auois-ie pas vn grand tort, bis.
Tenir Monsieur de Beaufort: bis.
Dedans le Bois de Vincenne,
Mais i'en porteray la peine,
Me faudra, me faudra,
Chanter *Salué Regina*.
 Puis i'ay tint dans vne tour, bis.
Monsieur la Mothe Haudancourt, bis.
Faisant mourir ie le nomme,
Monsieur Barillon braue homme,
Trahysant, trahysant :
A Courtray semblablement.

FIN.

I'ay trahy pareillement, *bis.*
A Naples tres-meschamment, *bis.*
Et suis cause de la prise
De ce grand Seigneur de Guyse,
Me faudra, me faudra
Chanter *salué Regina.*

N'estois-je pas bien cruel, *bis.*
Enuers Monsieur de Broussel, *bis.*
Voulant par ma tyrannie,
Qu'en prison finit sa vie,
Mais aussi, mais aussi,
Ie n'ay pas bien reüssi.

Paris i'ay fait affamer, *bis.*
Et contre la Ville armer, *bis.*
Et ruyner bien des Villages,
Qui ont senty mes outrages
Mais faudra, mais faudra,
Chanter *Salué Regina.*

Mais aussi la nuict des Roys, *bis.*
Inpertinant que j'estois, *bis.*
I'ay en heure inopinée
Sa Majesté enleuée,
Tellement, tellement
Qui m'en cuira rudement.

Aprés tous ces maux commis, *bis.*
Il faudra que ie sois mis, *bis.*
Sus vn eschaffaut infame
Et là y rendre mon ame;
Chantant, chantant
Vn *salué* bien hautement.

LE GRAND COVRRIER
General, rapportant toute les
Nouuelles qui ce passe dans la
France : *sur le chant*, Dites-moy
Roy d'Espagne, &c.

Le Gentil-homme.

IE te supplie areste,
Messager de Paris,
Fais vn peu de retraite
Viens-t'en en mon Logis,
D'entendre les affaires,
Seroit tout mon vouloir,
Et te prie ne point taire
Ce que ie veux sçauoir.

Le Courrier.

Ie veux de bonne grace,
Dire la verité,
Faut que ie satisfasse
Vostre curiosité,
Il faut que ie commence
Parler du Cardinal,
Qui veut ruyner la France,
Par conseil infernal.

Le Gentil-homme.

Quoy il nous veux donc faire
Cruellement pastir,
Aussi ce temeraire,
S'en pourroit repentir
Ne donne piont de trefue,
Encore à tes discours,
Ie te supplie acheue,
Que i'entende le cours.

Le Courrier.

Il nous vouloit reduire
A telle extremité,
Et aussi nous destruire
Par la necessité,
Faisant leuer du monde,
De folle intention,
Mais tout cela redonde
A sa confusion.

Le Gentil-homme.

C'estoit donc son enuie,
De nous ruyner en tout,
Mais de sa tyrannie,
En viendra-il à bout,
Auez-vous vn grand nombre

De braues Generaux,
Qui pourront aller fondre
Deſſus tous ces Marauts.

Le Courrier.

Pour Generaliſſime,
C'eſt Monſieur de Conty,
Qui au Combat s'anime;
Prenant noſtre party,
Puis de Beaufort enſuite,
Et la Mothe Haudancour,
Qui vont à leur pourſuite
Et la nuict & le iour.

Le Gentil-homme.

Manquez-vous point de viures,
Tout n'eſt-il pas bien chair,
Que peut valoir la liure
De pain auſſi de chair,
Auez-vous pas diſette,
A Paris meſmement,
Ie croy que l'on achepte
Le tout bien chairement.

Le Courrier.

Ne faut point que ie mente,
Tout eſt en grand' cherté,
Le peuple ſe l'amente,
De telle pauureté,
Mais on a eſperence
Qu'aprés tout ce tourment
On aura abondance,
Des biens ſuffiſemment.

Le Gentil-homme.

Auez-vous d'auantage,
De Genereux François,
Qui montre leur courage
Pour vous à cette fois,
L'Armée eſt-elle grande
Eſtes-vous bien puiſſant,
Affin qu'on ſe deffende
Contre ces inſolens.

Le Courrier.

Nous auons groſſe Armée,
Contre nos ennemis,
Belle & bien ordonnée
Et gens tous bien conduits,
Le Marquis la Boulaye,
D'Elbœuf & de Boüillon,
Et Noirmoutier s'employe
Pour cette occaſion.

Le Gentil-homme.

Les Parlements de France
Se ſont joint & vnis,
Faiſant correſpondence
A celuy de Paris,
Les armes ont voulu prendre
Et ſe bien ſouſtenir,
Afin de ce deffendre
De ce qui peut venir.

Le Courrier.

Ce vaillant de la Mothe,
Ce hardy de Beaufort,
Ils font ſi bien en ſorte
Par vn puiſſant effort,
Par vne force agille,
Et genereux exploits,
Tous les jours dans la ville,
Font entrer des Conuoys.

Le Gentil-homme.

Euſte-vous bien du pire
En perdant Charanton,
Pour moy i'ay oüy dire
Qu'on tua Chaſtillon,
Clanleu dans la chamaille

F

Comme vn braue Guerrier,
Mourut à la Bataille
Et reffusa quartier.

Le Courrier.

Par vne bien vaillance
L'Archiduc Léopold,
A enuoyé en France,
Pour y faire vn accord
Ces Courriers de vitesse
Sont venus au Palais:
Au nom de son Altesse
Pour demander la Paix.

Le Gentil-homme.

Il a mandé par Lettre
A Nostre Parlement,
Qu'auec eux se veut mettre
En accommodement,
Que s'estoit son enuie
De les vouloir seruir,
Qu'au peril de sa vie,
Nous viendroit secourir.

LE COVRRIER DE LA Cour, rapportant toute les Nouuelles qui ce passe à present dans Paris, & dans la Campagne, Sur le chant, De Praslin a pris Rose, &c.

JE vous prie de m'entendre,
Vous Messieurs de Paris,
Ce que ie viens d'aprendre
Dans vn fameux Logis,
Que ce grand Longueuille,
Se montre fort habille
Et se bat tous les iours,
Contre Monsieur d'Harcour.
I'ay encore oüy dire,
Qu'il en auoit defait,
Qui venoient pour reduire
A mort des Villageois;
Et ruyner leur Villages,
D'vn cœur plein de carnage,
Mais Dieu n'a-pas permy,
Ce grand masacre icy.
C'a parlons ie vous prie,
De ce grand Léopold,
Qu'est dans la Picardie,
Qui viens d'vn bon accord
Pour le Roy & nos Princes,
Et pour nostre Prouince,
Et pour faire la Paix,
Auec les bons François.
Il a pour compagnie
Monsieur de Noirmoutier,
Qui iure & certifie
Ne point donné quartier,
A ces traistes rebelles
Qui font chose cruelle,
Aux pauures Paysans,
Et aussi aux Marchans.
Il faut parlé ensuite
Du Prince de Conty,
Qui va à la poursuite,
De nos fiers ennemis,
Et Monsieur de la Mothe,
Y va de mesme sorte,
Et le Duc de Beaufort,
Qu'on estime si fort.
Ne faut pas qu'on oublie
D'Elbeuf & de Boüillon,
Car ils ont bien enuie
De battre ces poltrons,
Et le sieur la Boulaye,
Qui tous les iours s'employe
Faire comme à Grancé,
Qu'il a si mal traitté.
Parlons de la Trimoüille,
Et de ces Poicteuins,
Qui feront la dépoüille
Du corps à Mazarin,
Et dedans la Tourenne,
La chose est tres-certaine
Que si on le tenoit
Mourir on le feroit.

A Bordeaux & Toulouse,
Ont prit nostre party,
Voyant la iuste cause
Qu'on auoit dans Paris,
Et mesmement dans Guyenne
Et aussi dedans Vienne,
Ont bien fait reculé
Schombert sans plus tardé.

Il vint beaucoup de viures,
Tant par terre que par eau,
Et les chemins sont liure,
A present de nouueau,
Et mesme le Commerce,
Est restably sans cesse,
Comme à l'accoustumé
Le Roy l'a ordonné.

Nostre Euesque merite
Que l'on parle de luy,
Car il à sa suitte,
Des Soldats tres-hardy :
Et Monsieur de Vandosme,
A bien défait des hommes
Qui venoient secondé
Le Prince de Condé.

De Conty tres-ciuille,
Et nos bons Generaux,
Auecque Longueuille,
Veulent que ce Maraut,
Pour punir ces offences
Sois mis à la potence
Pour y estre pendu
Ayant trop mal vescu.

Voilà ce que rapporte,
Le Courrier de la Cour,
Qui est venu en poste,
Tant la nuict que le iour,
Pour dire les Nouuelles
Du Peuple tres-fidelle,
Qui se sont ioints tretous
Voulant mourir pour nous.

FIN.

Chanson nouvelle, Sur la Declaration de nos Princes & Generaux, & de tout le peuple de Paris, sur le refus de Mazarin, & ne veulent point qu'il revienne jamais, *Sur le chant, I'entend la trompette*, &c.

NOs Princes déposes,
Contre Mazarin,
Et tous se propose,
Punir ce Cocquin,
Car il ne veulent plus
Qu'à Paris il revienne,
Ils y sont resolus,
Parce qu'il nous maintienne.

Tous chacun fulmine,
Vers luy cette-fois,
Car il est la ruyne,
De tous les François,
Ha ! traistre Mazarin,
Au Diable on te donne,
Puissent-tu dans le Rhin,
Où au fond de la Saune.

Ne faut pas qu'il oze,
Venir à Paris,
Car tous se dispose,
Et grands & petits,
De le bien chastier,
Si jamais il y rentre,
De grace ny quartier,
Il ne doit pas pretendre.

Il pille la France,
Prenant son butin,
Faut avoir vangeance,
Contre ce mastin,
Ha ! traistre Mazarin, &c.

Faut que l'on assomme,
Ce faux Cardinal,
Et que l'on le nomme,
Démon infernal,
Ha ! traistre Mazarin, &c.

Toutes nos furies,
Il pourra sentir,
De ses volleries,

F ij

Auſſi repentir,
Ha ! traiſtre Mazarin, &c.
  Par ſes Monopolles,
Il nous auoit pris,
Toutes nos piſtolles,
Et nos beaux Louys,
Ha ! traiſtre Mazarin, &c.
  Monſieur la Trimoüille
A des Poicteuins,
Qui feront depoüille
De ce Mazarin,
Auſſi pareillement,
Le Duc de Longueuille,
A beaucoup de Normands,
Qui ſont Guerriers habille.
  Tout chacun conſpire,
Sa perdition,
Et le peuple aſpire,
Sa deſtruction,
Ha ! traiſtre Mazarin, &c.

CHANSON NOVVELLE,

Sur la deſiurance de Monſieur de Brouſel, Conſeiller du Roy en ſa Cour de Parlement de Paris : *Sur le chant*, Thoinon la belle Iardiniere, &c.

NE faut point paſſer ſous ſilence,
Les faits de Monſieur de Brou-
  ſel,
Car par ſa grande vigilence
Et par ſon ſoing continuel,
Rendra la France Floriſſante
Qui ne ſera plus languiſſante.
  François il nous faut crier viue,
Louys noſtre Roy Tres-Chreſtien,
Auſſi que tout bon-heur arriue
A de Brouſel homme de bien,
La France luy eſt redeuable
Par ſon conſeil tres-admirable.
  Heureux le iour de la Naiſſance
A de Brouſel homme eſtimé,
Dans Paris & par tout la France,
Il eſt de tout chacun aymé,
A ce vertueux perſonnage,
Tout Paris a rendu hommage.
  Cette belle langue faconde
Et ſon parler tout diuin,
N'auoit-il pas rauy le monde ?
Comme fit autre-fois Seruin,
De Brouſſel en a fait de meſme
Ce qui fait que tout chacun l'ayme.
  Faut auoir dans noſtre memoire
Deſormais Monſieur de Brouſel,
Car il nous ayme il le faut croire
D'vn amour qui eſt paternel,
Qui fait que par tout on l'admire,
Et que tout bien on luy deſire.
  Prions Dieu benir ſes années,
Et qui les vueilles prolonger,
Et que la paix nous ſoit donnée
Affin de nos maux ſoulager,
Et nous oſter de l'indigence
Et nous renuoyer l'abondance.
  La France ſera réjoüye,
Auſſi ſes pauures Habitans,
Qui pourront mieux gagner leur vie,
Et deſormais viure contans,
Nous faut donc reprendre eſperance
De bien-toſt ſortir de ſouffrance.
  Mais quel bon-heur pour ſa lignée
Que ſes parens furent joyeux,
Quand liberté luy fut donnée
Et qui le reuirent auprés d'eux,
Grand ioye en eut la populace,
Qui à Dieu en a rendu grace.

LA HARANGVE DV

du Peuple aux Generaux, pour reduire au Tombeau Mazarin, & la menace de tous les Bourgeois de la France pour le mal traité : Sur le chant, *Helas Prince débonnaire*, &c.

LE Cardinal Mazarin,
Eſt vn faquin, Eſt vn faquin;

Chansons Mazarinistes.

Et vn traistre sanguinaire,
Helas ! Generaux de Guerre, bis.
Mettez l'ay à bas.
   Il a fait beaucoup de mal,
Ce deloyal, ce deloyal,
Et tant causé de miseres
Helas ! Generaux de Guerre bis &c.
   C'est vn grand Monopolleur,
Et grand Volleur, Et grand Volleur
Qui ayt eu iamais sur terre,
Helas ! Genereux de Guerre, bis. &c.
   Et vous Monsieur de Conty,
Et de Vitry, & de Vitry,
Tous deux jetté l'ay par terre,
Helas ! Princes débonnaire, bis.
Ne le manquez-pas.
   Longueuille pour certain,
Veut Mazarin, veut Mazarin,
Pour le faire estre Forçaire,
Helas Generaux de Guerre ! bis. &c.
   D'Elbœuf auec de Boüillon,
Bons Champions, bons Champions,
Luy payeront ces salaires
Helas ! ces Foudres de Guerre, bis
Le mettront à bas.
   Et vous Monsieur de Beaufort,
Nostre support, nostre support,
Tüé-donc ce temeraire,
Helas ! Prince débonnaire,
Ne le manquez-pas.
   Et vous ce grand Haudancour :
Dans vne Tour, dans vne Tour,
Vous teint quatre années entiere
Helas ! Seigneur débonnaire, bis.
Mettez l'ay à bas.
   La Boulaye pareillement
Homme vaillant, homme vaillant
Le mettra dedans la biere, Helas, &c.
   Et le sieur de Noirmontier,
Vaillant Guerrier, vaillant Guerrier,
Luy taillera des croupieres,
Helas ! grand Foudre de Guerre, bis
Ne le manquez-pas.
   Pour Léopold & ses gens,
Sont maintenant, sont maintenant,

Qui l'atende en grand colere,
Helas ! Generaux de Guerre, bis.
Ne le manquez-pas.
   Il a fait empoisonné
Cét enragé, cét enragé,
Monseigneur de Bassompierre,
Helas ! Generaux de Guerre, bis. &c.
   Et pour Monsieur de Gassion,
Par trahyson, par trahyson,
Le fit tüé par derriere,
Helas ! Generaux de Guerre, bis. &c.
   Si il reuient dans Paris,
Comme l'on dit, comme l'on dit
On luy fera bonne chere,
Helas ! Generaux de Guerre, bis. &c.
   Et les Bourgeois de Roüen,
Sont tres-contants, sont tres-contants
Qu'on le jette à la riuiere :
Helas ! Generaux de Guerre, bis. &c.
   Dans Marseille, & dans Bordeaux,
On des Vaisseaux, ont des Vaisseaux,
Pour l'enuoyer au Gallere,
Helas ! Generaux de Guerre, bis.
Ne le manquez-pas.
   Dedans Rheims, & dans Chaalon,
C'est tout de bon, c'est tout de bon,
Qui coupprons ses genitoires
Helas ! ces Faudres de Guerre,
Ne le menquez-pas.
   Dans Renne tous les Bretons,
Bons Compagnons, bons Compagnons
Le tüeront à coups de pierres
Helas ! Generaux de Guerre, bis.
Tué-donc ce Iudas.
   Et pour ceux-là de Lyon,
Et de Dijon, & de Dijon,
Le reduiront en poussiere,
Helas ! &c.
   Messieurs vous auez grand cœur
Et grand honneur, & grand honneur
Pour le mettre dans la biere,
Helas ! Generaux de Guerre, bis.
Mettez l'ay à bas.

FIN.

Le preparatif de Lucifer, de Pluton, & de Caron, pour receuoir Mazarin, dans ses Enfers : Sur le chant, Des Qu'en-dira-t'on ? &c.

TOy Mazarin qui veut troubler la France,
Par ton esprit diabolique & meschant,
Pour ton offence
Le Parlement,
On a predit de te faire mourir,
Pour te punir.
Lucifer en attendant ta venuë
A fait ballier pour te receuoir
Toutes les ruës,
Car ton sçauoir,
Sera du sien estant son fauory,
Tu és tout en luy.
Afin de receuoir ton Eminence,
Les Diables se sont armez jusqu'aux dents,
Car ta presence,
Les rend contants
En te voyant seront tous resiouïs
Tes grands amis.
Les Diablotins t'attendent à la pipée
Portant picques, corcelets, & mousquets,
Auec espée,
Et pistolets,
Tambour battant veulent pour ton sçauoir,
Te receuoir.
Tu as autre-fois esté Courrier de Rome,
Tu seras postillon de Lucifer,
Comme vn braue homme
Dans les Enfers,
Peu à peu tu mettra tes Compagnons
Prés de Büllon.
Caron te viens donner pour récompence,
Proserpine pour ta chere moitié
Ton Eminence,
Sans en ralier,
Merite bien de posseder son cœur,
Et sa grandeur.
Caron t'attend auec impatience,
Pour te traitter selon ta qualité,
Pour asseurance,
Tu és asseuré,
Que tu entreras dans ce lieu tenebreux
Trop mal-heureux.
Pernicieux vipere abominable,
Qui nous cause en France tant de mal-heur,
Trop miserable,
Le Createur,
Te fera tresbucher auec Lucifer,
Dans les Enfers.

FIN.

Histoire veritable d'vn malheureux Monopoleur, lequel a esté emporté par les Diables, prés la ville de Lyon : Sur le chant, De Bois-Vignon, &c.

MOn Dieu permetté par vostre Clemence,
Que ie recite à l'honneste assistance,
La punition aussi le grand mal-heur,
Arriué à vn grand Monopoleur.
Ce malheureux par trop remply de rage,
Ruynoit tous les pauures gens de Vilages,
Par son esprit diabolique & meschant,
A luy a tiré tout l'or & l'argent.
Pour attirer à luy tous nos pistoles
Il inuentoit cent mile Monopoles,
Faisoit souffrir les pauures Laboureurs,
Pour faire venir ses parens grands Seigneurs.
Il commettoit encore bien d'autre offence.

Il ne feruoit pas la Toute puiſſance
Iamais il ne vouloit dedans l'Egliſe
entrer,
Encor moins les Confeſſeurs aborder.
   Voulant faire payer quelque ſub-
ſiſte
Au Payſant qui n'eſtoit pas licite,
A meſme inſtant mirent les armes
en main,
Furent trouuer ce perfide inhumain.
   Ce meſchant Monopoleur prit la
fuitte,
Tous les Payſans furent à la pourſuitte
Il receut pluſieurs coups ſur ſon corps
Si bien qu'il fut bleſſé juſques à la
mort.
   Preſt à mourir ce traiſtre abomina-
ble,
A tous momens il ſe donnoit au Dia-
ble,
Ne voulant point receuoir confeſſion
Qui eſt la cauſe de ſa damnation.
   Eſtant au dernier ſouſpir de ſa vie,
Sans regretter ſa miſerable vie,
Il blaſphemoit le nom du Createur,
Comme vn meſchant traiſtre perſe-
cuteur.
   Tous ſes parens pour couurir ſa
malice,
Luy firent faire vn aſſez beau Ser-
vice,
Mais il auoit à l'article de la mort,
Au Diable donné ſon ame & ſon
corps.
   Ayant mis en terre ce miſerable,
Diuerſe fois vne voix effroyable,
S'eſcriant pour moy ne faut pas prié
Ie ſuis damné pour vne eternité.
   Dans les Enfers au rang des in-
fidelles:

Me faut bruſler dans les flames eter-
nelle,
Pour auoir fait languir les innocens,
Ie ſuis priué du Sauueur tout-puiſſant.
   Auſſi-toſt fut deterré par les Dia-
bles,
Ayant pouuoir ſur cét abominable,
Ils dechirerent ſon corps par mor-
ceaux,
Ne laiſſant point de chair deſſus les
os.
   A ſes parens ſubjet bien memora-
ble,
L'ombre s'aparut choſe veritable,
Et leur dit ſeruè bien le Souuerain;
Ne vous damné pour l'argent qui
n'eſt rien.
   Voylà la vie & la fin miſerable,
De ce meſchant vipere trop miſera-
ble,
Seruiteur Domeſtique à Lucifer,
Pour ſa recompence il eſt aux En-
fers.
   Dans nos corps ne ſeront point
l'auarice,
Au doux Ieſus rendons humble ſer-
uice :
On n'entre point au Ciel par les
grandeurs,
Mais bien par la baſſeſſe & la douceur.
   Prions Ieſus & la Vierge ſa Mere,
Qu'il leur plaiſe eſtre à nos heure
derniere,
Afin qu'vn iour dedant le Firmament
Nous nous puiſſions voir tous enſem-
blement.

FIN.

www.ingramcontent.com/pod-product-compliance
Lightning Source LLC
Chambersburg PA
CBHW060619050426
42451CB00012B/2328